PFERDE RICHTIG PFLEGEN

TIPS UND TRICKS FÜR SAUBERKEIT UND WOHLBEFINDEN

von
Susan McBane

Illustrationen von
Carole Vincer

CADMOS

Titel der Originalausgabe:
Susan McBane, Grooming
Threshold Picture Guide Nr. 21
© The Kenilworth Press 1992

Aus dem Englischen übertragen
von Nikola Fersing

Cadmos Verlag, Lüneburg
Kavalkade Ratgeber Nr. 23
Für die deutschsprachige Ausgabe
Copyright © 1999 by Cadmos Verlag
Umschlagentwurf: Ravenstein Brain Pool
Druck: Westermann, Zwickau
Printed in Germany

ISBN 3-86127-228-8

Inhalt

Pferde richtig pflegen
Tips und Tricks für Sauberkeit
und Wohlbefinden

EINLEITUNG

Das Putzen ist eine der anstrengendsten Tätigkeiten, die beim Versorgen eines Pferdes anfallen. Wenn Sie Ihr Pferd gründlich putzen wollen, selbst jedoch nicht ganz fit sind, werden Sie das Gefühl haben, niemals bis zum Schluß durchhalten zu können. Aber es ist wie bei allen anderen körperlichen Betätigungen: Je öfter Sie es tun, desto geübter werden Sie, und desto weniger empfinden Sie es als harte Arbeit. Und es ist eine schöne Belohnung, wenn Sie anschließend ein sauberes, hübsches Pferd vor sich haben und wissen, daß alles Ihr Werk ist.

Das ist auch gut so, denn das Putzen ist wichtig für Gesundheit und Funktionsfähigkeit von Haut und Fell Ihres Pferdes, besonders wenn es im Stall gehalten wird. Fell und Haut helfen dabei, das Pferd vor der Außenwelt zu schützen, über den Schweiß Giftstoffe abzusondern, warmzubleiben und abzukühlen. Nerven in der Haut lassen das Pferd Kälte und Hitze, Druck, Schmerz und angenehme Berührungen fühlen.

Die Haut besteht aus zwei Hauptschichten: einer äußeren Schicht aus abgestorbenen Zellen, die kontinuierlich abgestoßen werden und als Schuppen im Fell erkennbar sind, und einer inneren, empfindlichen Schicht, die die äußere immer wieder ergänzt. Außerdem enthält die Haut Drüsen, die Talg absondern; dieser Talg macht Haut und Fell geschmeidig und wasserabweisend.

Wildpferde und solche, die draußen gehalten werden, brauchen Schlamm und Fett in ihrem Fell als Wetterschutz; Regen entfernt die Überschüsse. Aufgestallte Pferde brauchen uns, um ihr Fell sauberzuhalten und ihre Haut zu massieren, denn ihnen wird das gegenseitige Fellkraulen, Scheuern und Wälzen vorenthalten, das artgerecht lebende Pferde genießen.

Das Putzen baut auch Vertrauen zwischen Pferd und Besitzer auf (oder Mißtrauen!) und macht engen Kontakt möglich; außerdem ist es automatisch eine genaue tägliche Gesundheitskontrolle.

WARUM DAS PUTZEN SO WICHTIG IST

Es ist erstaunlich, wie das Erscheinungsbild eines Pferdes sich durch das Putzen verändert. Unten links sehen wir ein sauber geputztes, nett aussehendes Pferd, unten rechts dasselbe Pferd schmutzig, ungeputzt und in ungepflegtem Zustand.

Putzen läßt das Pferd nicht nur gut aussehen, sondern hilft ihm, gesund zu bleiben. Hautparasiten, z.B. Läuse, lieben eine schmutzige Umgebung mit viel organischem Abfall wie Fett, Flocken abgestorbener Haut und getrocknetem Schweiß; manche ernähren sich davon. Eine ungestörte Heimstatt macht es ihnen leicht, Eier zu legen, und der Nachwuchs kann gedeihen.

Es ist ein Zeichen von Respekt dem Pferd und der Pferdewelt gegenüber, es einigermaßen sauber zu halten. Schmutzige, verwahrloste Reiter und Pferde kommen schnell in Verruf. Es ist nicht sehr angenehm, ein schmutziges Pferd zu reiten – Sie werden selbst schmutzig, ebenso wie das Sattelzeug.

Bei einem Weidepferd mag es scheinbar nicht lohnen, es sauber zu putzen, weil es sich gleich nach der Rückkehr auf die Weide wälzen wird. Wenn der Boden schlammig ist, wird Ihre harte Arbeit zunichte gemacht – aber das ist tatsächlich nicht ganz richtig. Sie sollten immer halbwegs respektabel aussehen, wenn Sie reiten, und regelmäßiges Überputzen verhindert die Bildung einer dicken Schicht aus Schuppen, Fett und Schmutz, besonders bei Trockenheit, wenn kein Regen die Überschüsse auswäscht.

Regelmäßiges, tägliches Putzen oder, beim Weidepferd, Überputzen bedeutet auch, daß Sie Wunden und Hautprobleme erkennen, bevor sie zu ernsthaften Problemen werden – es gibt also viele gute Gründe, Ihr Pferd, sei es auf der Weide oder im Stall, grundsätzlich ordentlich zu pflegen.

GRUNDAUSSTATTUNG

Für die regelmäßige tägliche Pflege benötigen Sie eine Grundausstattung an Putzzeug. Zusätzliches können Sie später anschaffen. Zur Grundausstattung gehören sollten: Wurzelbürste, Kardätsche, Metallstriegel, Hufräumer und zwei kleine Schwämme in unterschiedlichen Farben.

Die **Wurzelbürste** hat einen starken Kunststoff- oder Holzrücken und steife, ziemlich lange Natur- oder Kunststoffborsten. Naturborsten sind weitaus besser, weil die Enden sich nicht spalten oder flach und unbrauchbar werden. Gespaltene Borsten verhaken sich auch in einzelnen Langhaaren und zerreißen sie, außerdem verfangen sie sich gern in Schweif und Mähne. Die Wurzelbürste benutzt man, um angetrockneten Schlamm und Mistflecken (vornehm „Stallflecken" genannt) zu entfernen.

Kardätschen sind oval und haben ebenfalls meist einen Holz- oder Kunststoffrücken, obwohl solche mit Lederrücken am besten und in der Handhabung am angenehmsten sind. Letztere passen sich der Handform an, sind leichter und tun dem Pferd nicht weh, wenn man es versehentlich anstößt. Kardätschen haben kürzere, feinere Borsten (auch hier sind Naturborsten empfehlenswert) und eine Handschlaufe aus Leder, Leinen oder Kunststoff auf dem Rücken, mit deren Hilfe man die Bürste einfacher und fester halten kann.

Die Kardätsche wird benutzt, um Fett, Schuppen und Schmutz nicht nur aus dem Fell, sondern von der Haut zu entfernen; sie empfiehlt sich zur Benutzung für Mähne, Schopf und Schweifhaar, weil sie weicher ist als die Wurzelbürste. Sie eignet sich auch für die Haaransätze von Mähne und Schweif.

Der **Metallstriegel** ist zur Reinigung der Kardätsche und nicht des Pferdes gedacht, der Hufräumer zum Säubern der Hufunterseite, und mit den Schwämmen werden Augen, Nüstern, Schlauch und After abgewischt. Benutzen Sie immer verschiedenfarbige Schwämme für Vorder- und Hinterende Ihres Pferdes und verwechseln Sie sie nie!

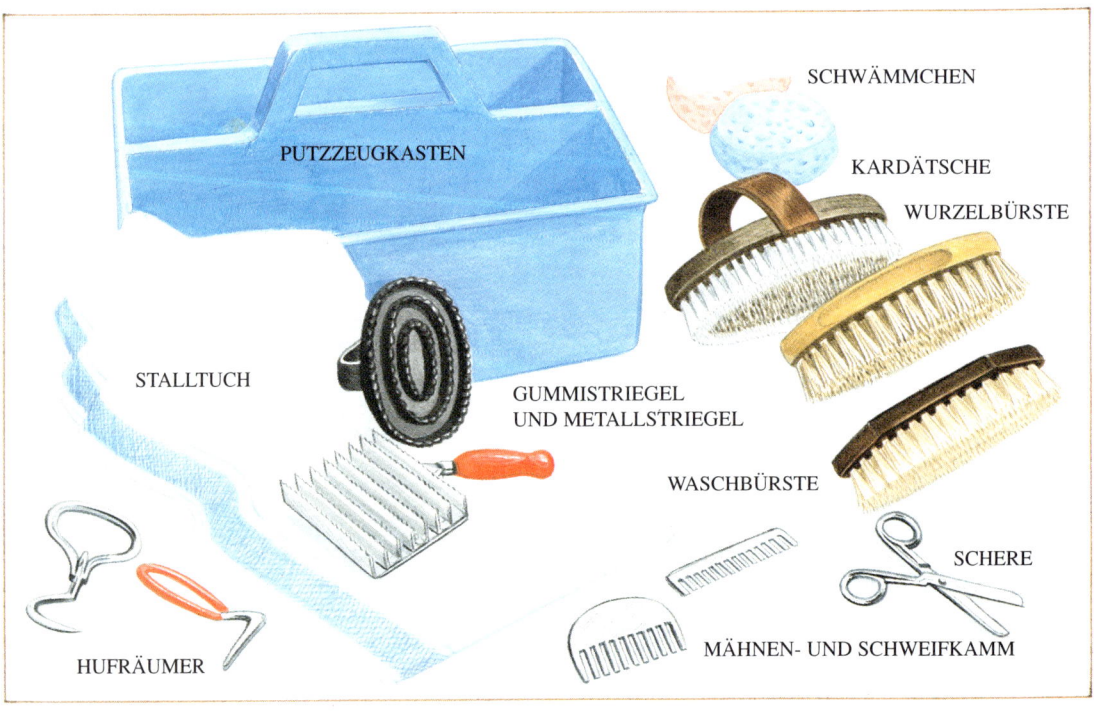

SCHWÄMMCHEN

KARDÄTSCHE

WURZELBÜRSTE

PUTZZEUGKASTEN

GUMMISTRIEGEL UND METALLSTRIEGEL

STALLTUCH

WASCHBÜRSTE

SCHERE

HUFRÄUMER

MÄHNEN- UND SCHWEIFKAMM

WEITERES ZUBEHÖR

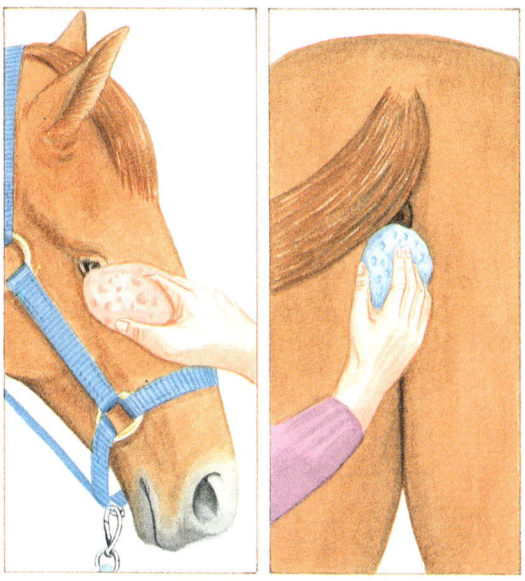

Die empfindlichen Bereiche an Vorder- und Hinterende
Ihres Pferdes bleiben sauber, wenn sie mit einem feuchten Schwamm abgewaschen werden. Trocknen Sie bei
kaltem Wetter mit einem Stalltuch nach.

Zur Grundausstattung können Sie noch einige
Artikel hinzufügen: eine **Waschbürste** (um Mähne,
Schopf und Schweif naß in Form zu bürsten);
Gummi- oder **Plastikstriegel** und **Nadelstriegel**,
mit denen sich angetrockneter Schlamm,
Mistflecken und lose Haare entfernen lassen; ein
weiches **Stalltuch** (ähnlich einem Geschirr-
handtuch), mit dem abschließend das Fell geglättet
wird; ein **Kaktustuch** (gut gegen Oberflächen-
schmutz und Haare); ein **Schweißmesser** zum
Abziehen von Schweiß und Wasser; ein **Plastik-
Pfannenreiniger** zum Abkratzen getrockneten
Schlamms; ein alter **Seidenschal** für glänzendes
Fell; und ein **Mähnenkamm** und eine **Schere** zum
Frisieren von Mähne, Schopf, Schweif, Kiefer-
unterseite und Ohrenkanten (obwohl dies genauge-
nommen nicht Teil des üblichen Putzvorganges ist).

Sie werden bemerken, daß Huffett oder -öl nicht
empfohlen wird. Wissenschaftliche Forschungen
belegen, daß Huffett nicht einzieht und die
Abgabe überschüssiger Feuchtigkeit bei nasser
Umgebung behindert.

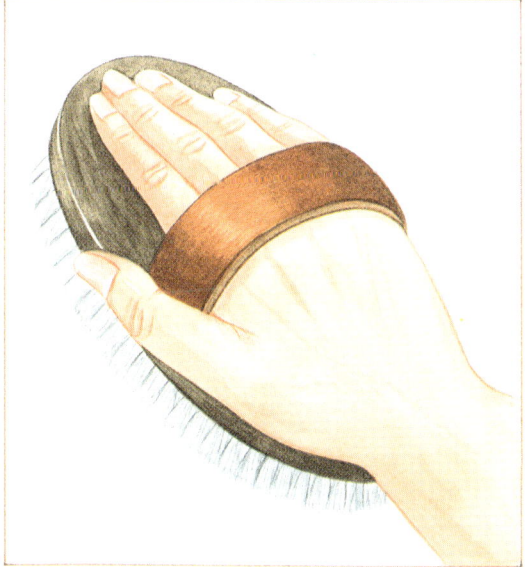

So, mit dem Daumen außerhalb der Schlaufe, halten
Sie die Kardätsche.

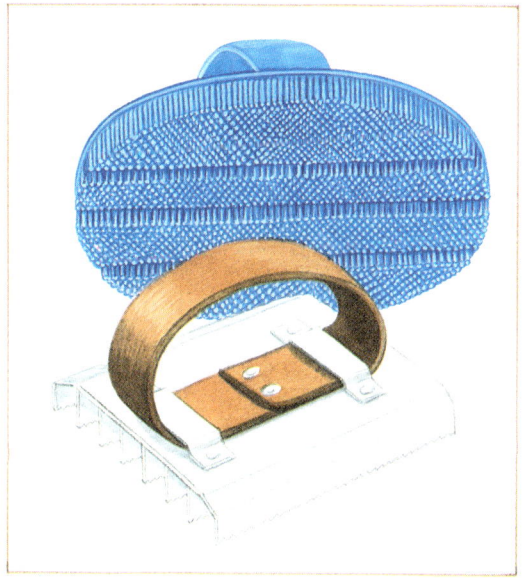

Ein Nadelstriegel (oben) kann kratzen und muß vorsichtig
gehandhabt werden. Der Metallstriegel, hier mit einer
Schlaufe anstelle des üblichen Holzgriffes, dient nur zum
Abstreifen der Kardätsche.

Bei kurzem Fell ist ein Kaktustuch aus grober Naturfaser gut für ein schnelles, festes Abreiben, bei dem Oberflächenschmutz und lose Haare entfernt werden und die Haut stimuliert wird.

Das Stalltuch nimmt Schmutz auf, der auf dem geputzten Fell liegen kann, und gibt eine abschließende Politur. Man kann damit auch den Putzzeugkasten abdecken.

Mit einem Plastik-Pfannenkratzer lassen sich ange-trockneter Schmutz und Flecken beseitigen, ohne daß empfindliche Pferde aufgeregt werden wie durch Wurzelbürste oder Nadelstriegel.

Ein Schweißmesser besteht aus einer Gummilippe auf einem Metallrahmen mit Handgriff. Es entfernt über-schüssiges Wasser (Regen, Schweiß oder Wasch-wasser) wie ein Scheibenwischer.

ELEKTROGERÄTE

Es gibt Schermaschinen und Pferdestaubsauger, die Ihnen helfen, Ihr Pferd mit weniger Aufwand nett aussehen zu lassen.

Pferde und Ponys, die hart arbeiten, bekommen im Winter zumindest einen Teil des langen Winterfells entfernt, damit sie nicht übermäßig schwitzen und Gewicht verlieren.

Elektrische Schermaschinen tun gute Dienste, solange die Messer sauber und scharf gehalten werden und richtig eingestellt sind. Sie brauchen einen korrekt geerdeten Stromanschluß und einen FI-Schutzschalter zu Ihrer Sicherheit. Ist das Kabel zu lang, rollen Sie es in einem Plastik- oder Gummieimer (nicht aus Metall, und ohne Metallbügel) oder einer Plastikschüssel zusammen; so wird das Pferd nicht so leicht darauftreten. Die scherende Person sollte Gummischuhe oder –Stiefel tragen für den Fall eines elektrischen Schlages.

Wenn Sie noch unerfahren sind, bezahlen Sie einen Profi für eine Unterrrichtsstunde im Scheren, und scheren Sie Ihr Pferd unter seiner Anleitung. Sie können auch grundsätzlich jemanden für das Scheren bezahlen.

Zwar ist ein geschorenes Pferd leicht sauberzuhalten, aber je großflächiger geschoren wird, desto mehr Decken und Futter braucht Ihr Pferd.

Pferdestaubsauger ersparen wirklich harte Arbeit! Die besten kombinieren das Ansaugen mit einem zylindrischen Bürstenkopf, der sich schnell dreht und den Schmutz in einen Schlauch schleudert, von wo er wie bei einem Hausstaubsauger in einen Behälter abgesaugt wird.

Auch beim Putzen mit elektrischen Geräten sind die genannten Sicherheitsvorkehrungen zu beachten.

Wenn Sie ein- bis zweimal wöchentlich mit dem Sauger putzen, können Sie an den anderen Tagen oberflächlicher arbeiten, weil die Maschinen sehr gründlich sind.

Bei Saugern, die rotierende Bürsten haben, müssen Sie aufpassen, daß sich keine Schweif- oder Mähnenhaare verfangen.

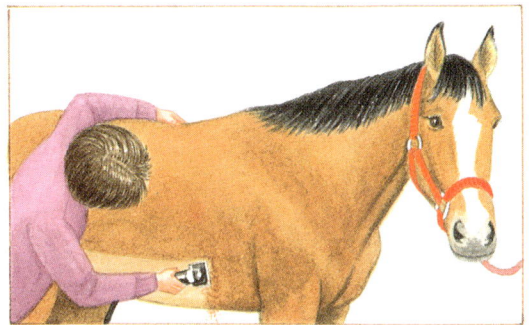

Leichte, ruhig laufende Schermaschinen sind einfach zu handhaben und ängstigen die Pferde kaum. Viele mögen die Vibrationen und den Lärm anderer Schermaschinen nicht.

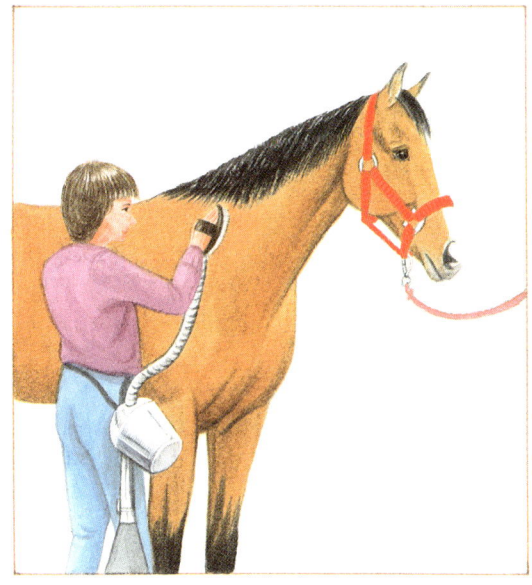

Ein nicht rotiererender Sauger, dessen Container umgehängt wird – langsamer und mühsamer als mit dem rotierenden Sauger, aber immer noch recht gut und viel billiger.

HUFPFLEGE

Auch wenn Sie keine Zeit haben, Ihr Pferd zu putzen, sollten Sie immer seine Hufe ausräumen und Hufe und Eisen kontrollieren, mindestens ein- bis zweimal täglich. Ein Stein, ein Flaschenboden oder eine Scherbe können beträchtliche Blutergüsse verursachen und zu Wunden führen, wenn sie im Huf steckenbleiben. Festgetretener Mist begünstigt Krankheiten (Strahlfäule) durch Aufweichen des Horns, das zu rotten anfängt und einen idealen Nährboden für Keime abgibt. Ammoniak aus uringetränkter, schmutziger Einstreu bewirkt dasselbe.

Draußen gehaltene Pferde auf nassen Weiden können Strahlfäule entwickeln, wenn das Hufhorn vom Wasser aufgeweicht wird und Keime sich einnisten können. Weiche Hufe reiben sich zudem schnell ab, besonders an den Ballen, deshalb müssen sie täglich kontrolliert werden.

Auch die Eisen müssen überprüft werden: sind sie noch fest und passend, oder sind sie lose, haben herausstehende Nägel oder sind so abgelaufen, daß sie erneuert werden müssen?

Herausstehende Nägel können das gegenüberliegende Bein aufreißen, und lose Eisen können sich verwinden oder brechen und das Pferd verletzen oder zu Fall bringen. Ein verlorenes Eisen bedeutet, daß das Pferd nur auf weichem Untergrund gearbeitet werden kann, und ein loses, daß Sie es überhaupt nicht arbeiten können, bis das Eisen vom Schmied erneuert oder wieder festgeschlagen worden ist.

Tägliche Hufkontrolle und –reinigung kostet fünf Minuten, kann aber allen diesen Dingen vorbeugen oder verhindern, daß sie schlimmer werden. Tatsächlich kann sie möglicherweise Ihr Leben oder das Ihres Pferdes retten, indem sie einen Sturz verhindert.

Es ist sinnvoll, auf Ausritte einen klappbaren Hufräumer mitzunehmen. Oft ist ein fest eingeklemmter Stein Ursache für eine auftretende Lahmheit, den Sie so leichter entfernen können.

Um den Vorderhuf aufzunehmen, stellen Sie sich mit dem Gesicht zum Schweif, streichen von der Schulter zur Fessel hinunter und ergreifen den Fesselbehang. Gleichzeitig lehnen Sie sich leicht gegen das Pferd, damit es sein Gewicht verlagert, ziehen die Fessel hoch und sagen "Fuß!". Halten Sie den Huf bei gebeugtem Fesselgelenk an der Zehe fest, denn so ist es dem Pferd unangenehm, zu viel Gewicht darauf zu legen.

 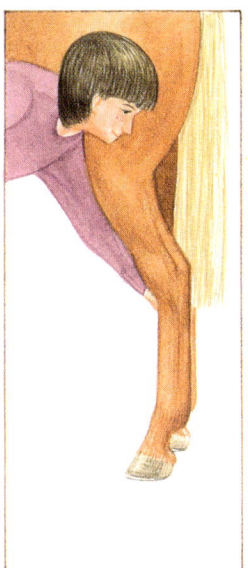 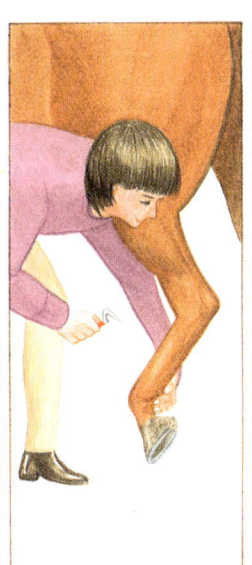 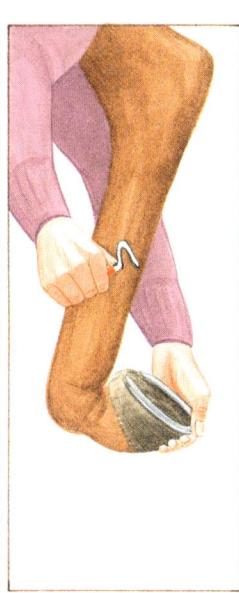

Zum Heben des Hinterfußes stellen Sie sich wieder mit dem Kopf zum Schweif, streichen von der Hüfte hinunter an der Innenseite des Beines bis zur Fessel und heben ihn dann hoch wie den Vorderfuß.

Lassen Sie Ihren gewichthaltenden Arm vor dem Hinterbein wie abgebildet, damit ein Ausschlagen (das meist nach hinten zielt) Sie nicht umwirft.

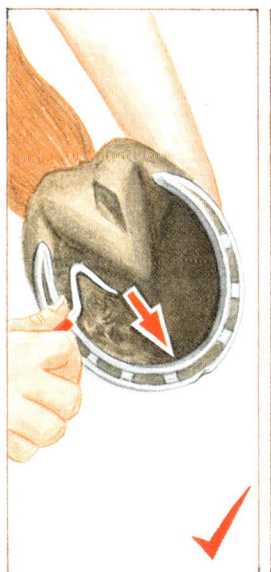 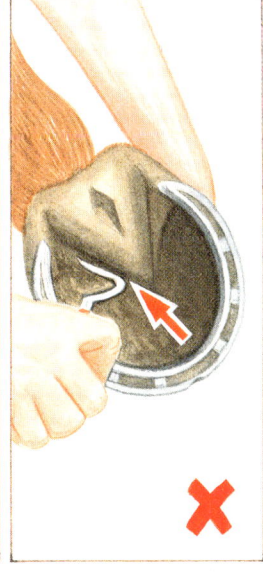 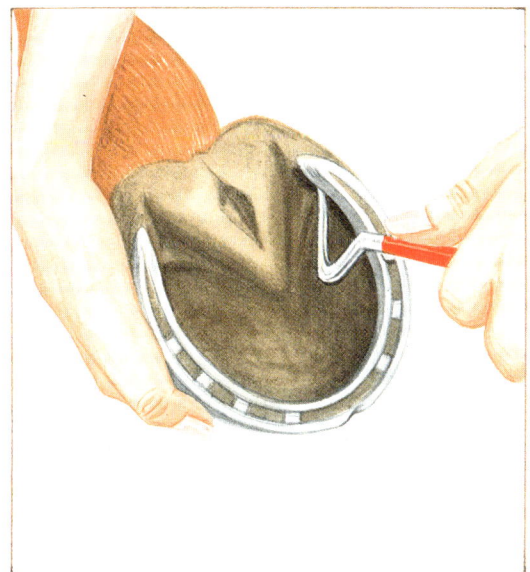

Kratzen Sie vorsichtig den Schmutz aus dem Huf, und denken Sie auch an seitliche und mittlere Strahlfurchen. Arbeiten Sie dabei in Richtung der Zehe, damit kein Schmutz an den Ballen, der losesten Stelle, unter das Eisen geschoben wird.

Um den Sitz der Eisen zu kontrollieren, versuchen Sie die Spitze des Hufräumers am Hinterende unter einen Schenkel des Eisens zu setzen (aber nicht gewaltsam!) und es zu bewegen. Wenn das geht, ist das Eisen lose, und Sie brauchen den Schmied.

VOR DEM RITT

Vor dem Reiten wird das Pferd übergeputzt, damit es ordentlich aussieht. Die Decke, sofern es eine trägt, wird übergeschlagen, so daß Vor- und Hinterhand freiliegen zum Putzen. Dies geschieht, ohne daß die Decke ganz abgenommen wird. Deckengurte können geschlossen bleiben, solange nicht angetrockneter Schweiß aus Gurt- oder Sattellage entfernt werden muß; Sattelzeug auf getrocknetem Schweiß oder Schlamm kann Druck verursachen.

Bürsten Sie das Pferd mit der Wurzelbürste, um Einstreu, angetrockneten Schweiß, Mistflecken und Schlamm zu entfernen. Wenn Flecken nicht verschwinden, feuchten Sie sie mit dem Schwamm (dem ‚Hinterende‘-Schwamm) oder der Waschbürste an und reiben sie nachher mit dem Tuch ab.

Mancher bürstet auch Schweif und Mähne vor dem Reiten in Form und legt, wenn genug Zeit ist, für eine Weile eine Schweifbandage an, damit das Pferd noch gefälliger aussieht.

Die Hufe werden sorgfältig ausgeräumt und die Eisen kontrolliert, denn ein loses Eisen kann beim Reiten gefährlich sein. Wenn Sie den Stall bereits gemistet haben, räumen Sie die Hufe in einen Misteimer aus, damit die frische Einstreu nicht wieder beschmutzt wird. Kratzen Sie Hufe jedoch nicht auf dem Hof aus oder lassen Ihr Pferd Mist und Streu aus den Hufen auf der Stallgasse verlieren, denn das muß wieder aufgefegt werden und macht unnötige Arbeit.

Mit dem feuchten Schwamm für das Pferdegesicht wischen Sie Augen, Nüstern und Lippen ab, mit dem anderen Schlauch oder Euter und After (auch zwischen den Hinterbacken und unter der Schweifrübe). Tauchen Sie sie in Wasser (nicht ins Trinkwasser des Pferdes), den Gesichtsschwamm zuerst, und wringen Sie, bis er nur noch feucht ist. Im Winter trocknen Sie mit einem Handtuch nach.

Wechseln Sie die Decke, oder satteln Sie zum Reiten.

Schlagen Sie die Decke zurück über die Kruppe und bürsten Sie das Pferd vorn auf beiden Seiten, also die Vorhand. Vergessen Sie Kopf und Hals nicht.

Schlagen Sie dann die Decke nach vorn und putzen Sie beide Seiten der Hinterhand. Dann legen Sie die Decke wieder zurück, damit dem Pferd nicht kalt wird.

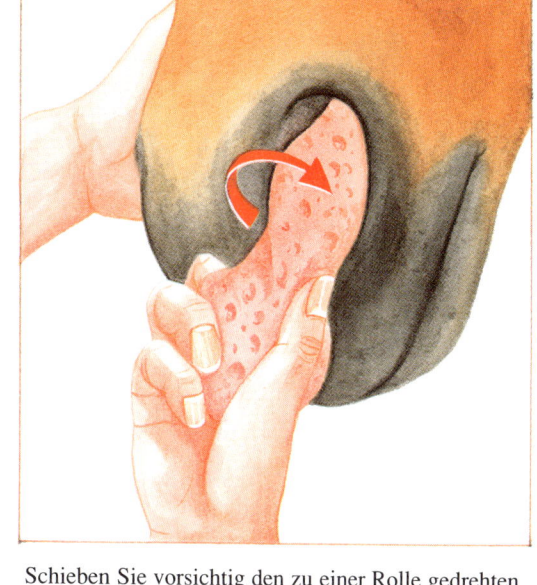

Um hartnäckige Mistflecken zu entfernen, benutzen Sie einen feuchten Schwamm (den für das Hinterende des Pferdes) oder die Waschbürste. Trocknen Sie das Fell mit einem Tuch.

Schieben Sie vorsichtig den zu einer Rolle gedrehten Schwamm in jede Nüster und drehen Sie ihn, um Schmutz herauszuholen. Denken Sie daran, auch die kleine Falte vorn sauberzumachen.

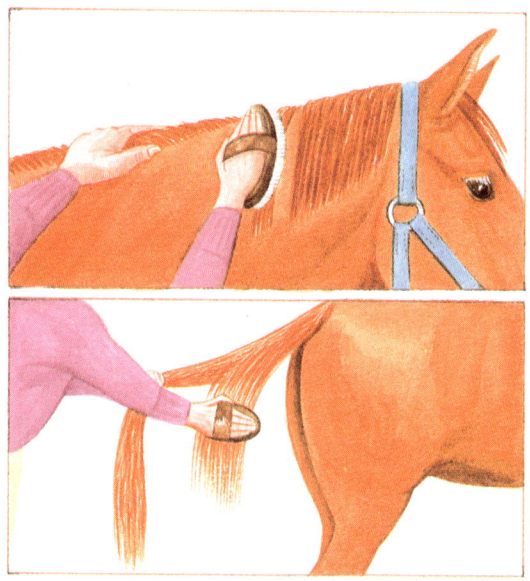

Legen Sie die Mähne über den Hals und bürsten Sie sie Strähne für Strähne mit der Kardätsche vom Haaransatz zurück. Die Schweifrübe ziehen Sie vom Pferd weg und bürsten ebenfalls in einzelnen Strähnen nach unten.

Bei verknotetem Langhaar oder Einstreuresten im Schweif können Sie ein Fellpflegespray benutzen. Nach einer Minute Einwirkzeit schütteln Sie den Schweif aus und lösen Schmutz und Knoten mit den Fingern heraus.

GRÜNDLICHES PUTZEN

Wirklich gründlich geputzt wird üblicherweise nach dem Reiten, wenn das Pferd warm und trocken ist, der Schmutz lose und die Haut warm und leichter zu reinigen.

Zuerst entfernen Sie angetrockneten Schlamm und Schweiß mit der Wurzelbürste - benutzen Sie sie rücksichtsvoll, damit Ihr Pferd nicht in Zukunft Schwierigkeiten beim Bürsten macht. Seien Sie an empfindlichen, dünnhäutigen Stellen wie Bauch, Kopf und den Innenseiten der Beine besonders vorsichtig.

Nun zur harten Arbeit, dem Umgang mit der Kardätsche. Halten Sie die Bürste wie abgebildet in einer Hand und den Metallstriegel in der anderen. Es ist am einfachsten, jeweils mit der Hand zu bürsten, die der Pferdeseite zugewandt ist, aber wechseln Sie ruhig die Hand, wenn Sie müde werden.

Beugen Sie Ihren Arm am Ellbogen leicht ab, aber halten Sie ihn steif, und bürsten Sie (mit dem Fellstrich), indem Sie Ihr Gewicht auf den Arm legen, nicht durch Schieben der Hand, was sehr anstrengend ist. Machen Sie jeweils sechs Bürstenstriche an jeder Stelle. Dabei knallen Sie nicht die Bürste auf das Pferd, sondern legen sie sanft auf und bürsten fest, um durch das Fell hindurch die Haut zu säubern.

Um den Schmutz aus der Bürste zu entfernen, ziehen Sie nach zwei bis drei Bürstenstrichen die Borsten der Kardätsche kräftig über den Eisenstriegel, den Sie gelegentlich am Boden ausklopfen. An Kopf und Beinen arbeiten Sie etwas anders, aber mit demselben Ziel.

Sie sollten immer von vorn nach hinten und von oben nach unten arbeiten, damit Sie nicht Partien wie die unter Schopf oder Mähne, Ohren, Fesseln oder den Bauch zwischen den Beinen vergessen.

Räumen Sie die Hufe aus, wischen Sie alle empfindlichen Stellen mit den Schwämmen ab, polieren Sie das Fell mit dem Tuch nach, frisieren Sie Schweif und Mähne mit der Waschbürste – dann sind Sie fertig.

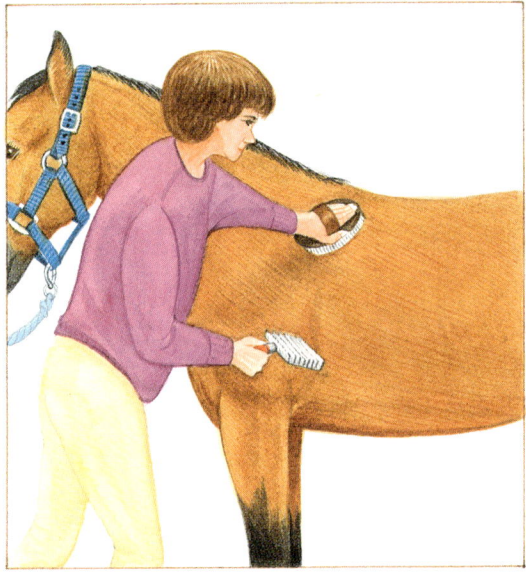

Auch wenn Sie Ihr Gewicht dabei einsetzen, ist es fast unmöglich, langes Winterfell mit der Kardätsche richtig sauber zu bekommen. Die Kardätsche eignet sich am besten für geschorene Pferde oder kurzes Sommerfell.

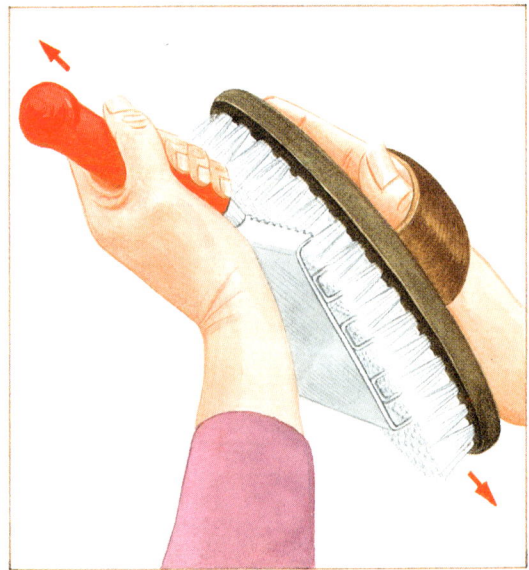

Wenn Sie den Striegel so halten, schrammen Sie nicht mit der Bürstenhand daran entlang, wenn Sie die Bürste abstreichen – das kann wehtun!

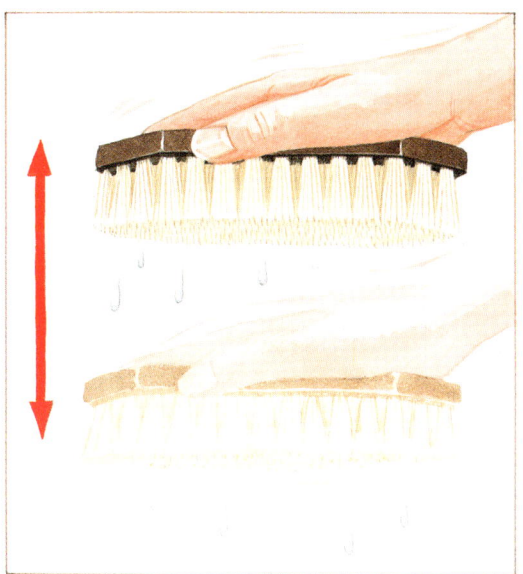

Tauchen Sie die Borstenspitzen der Waschbürste ins Wasser (nicht ins Tränkwasser) und schütteln Sie die Bürste kräftig nach unten, damit überschüssiges Wasser abtropft.

Setzen Sie die feuchte Bürste auf der abgewandten Halsseite an und beginnen Sie, die Mähne vom Haaransatz her herunterzubürsten und zu glätten.

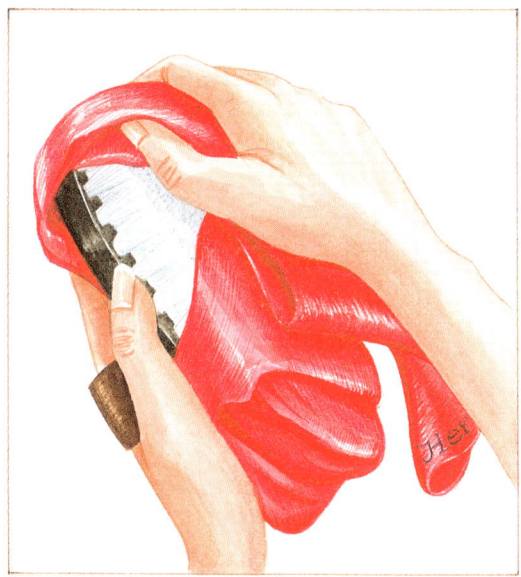

Ein alter Seidenschal (nicht aus Synthetik) kann über die Kardätsche gelegt werden, um damit ohne statische Aufladung dem Fell abschließenden Glanz zu geben.

Putzen ist eine staubige Arbeit, die man am besten im Freien erledigt. Eine Abschlußpolitur mit einem weichen Tuch entfernt den Staub, der sich nach dem Bürsten wieder auf dem Fell abgesetzt hat.

KLOPFMASSAGE

Die Arbeit mit dem Massagebüschel ist eine britische Eigenheit, die bei Angehörigen anderer Nationen nicht selten Heiterkeit auslöst.

Das Abreiben oder Abklopfen mit einem Büschel ist eine Art der muskelaufbauenden Massage.

Diese Wirkung entsteht dadurch, daß das Pferd in Erwartung des nächsten Klopfens oder Drückens zuckt und dadurch seine Muskulatur trainiert.

Auch soll das Abklopfen die Drüsenaktivität der Haut anregen, so daß natürliche Öle Haut und Haar Glanz verleihen und sie schützen.

Sie dürfen nur Muskelbereiche abklopfen, niemals knochige oder empfindliche Regionen. Üblicherweise werden die Halsoberseite, die Muskeln hinter Schulter und Ellbogen und die Hinterhandmuskulatur bearbeitet.

Das Abklopfen mit dem Massagebüschel geschieht üblicherweise nach dem Putzen, kann bei einem gesunden Pferd aber jederzeit durchgeführt werden, weil es nicht der Säuberung, sondern der Massage und Muskelentwicklung dient. Es ist jedoch kein unverzichtbarer Bestandteil der Pferdepflege und gerät leider zunehmend in Vergessenheit.

Eine Lederhülle, die mit Pferdehaar oder etwas anderem fest gefüllt wird, kann ein Büschel aus Strohband ersetzen. Klatschen Sie sie fest auf das Pferd, jedoch nicht so kräftig, daß Sie das Tier ängstigen oder verärgern.

Um ein Massagebüschel herzustellen, drehen Sie ein Heubändchen von 2 m Länge kräftig ein, formen Schlaufen wie abgebildet und ziehen das Band so fest und hart wie möglich immer wieder hindurch.

Stecken Sie zum Schluß das Ende durch die Schlaufen nach innen. Das Büschel sollte bequem in Ihrer Hand liegen. Sie benutzen es mit nur einer Hand.

REINIGUNG DES SCHLAUCHES

Wallache produzieren im Schlauch eine dunkle, riechende, fettige Substanz, Smegma genannt, die im Abstand von einigen Wochen sorgfältig abgewaschen werden muß, damit keine Krankheiten entstehen. Auch kann es passieren, das das Pferd den Penis nicht mehr ausschachtet, um zu stallen, und Urin über den Bauch läuft, wo er Hautirritationen hervorruft. Ein verklebter Schlauch ist dem Pferd sehr unangenehm.

Es kann schwierig sein, das Pferd dazu zu bewegen, den Penis auszuschachten; wenn Sie also sehen, daß das gerade der Fall ist, reden Sie beruhigend mit ihm und versuchen Sie, Smegma und Schmutz zu entfernen, besonders am Penisende, wo sich leicht harte Smegmaklumpen bilden.

Die meisten Pferde haben nichts gegen diese Reinigung, aber bitten Sie zu Anfang einen Erfahreneren um Hilfe.

Sie brauchen handwarmes Wasser und milde medizinische Seife, um das fettige Smegma aufzulösen. Dazu benutzen Sie einen Schwamm. Sie müssen anschließend den Schlauch sehr sorgfältig abspülen und von allen Seifenresten befreien! Trocken Sie dann Außenseite und Eingang mit einem alten Handtuch ab.

Beenden Sie den Waschvorgang damit, daß Sie medizinisches Paraffinöl (kein Heizungsparaffin!) in den Schlauch einreiben, damit neues Smegma nicht so schnell anklebt und bis zur nächsten Reinigung weicher bleibt.

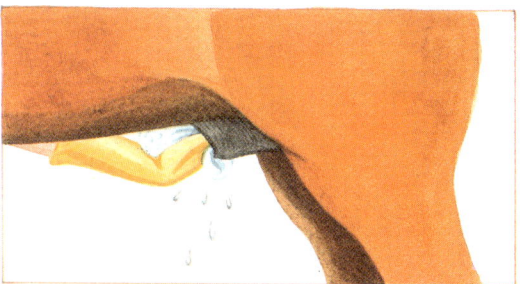

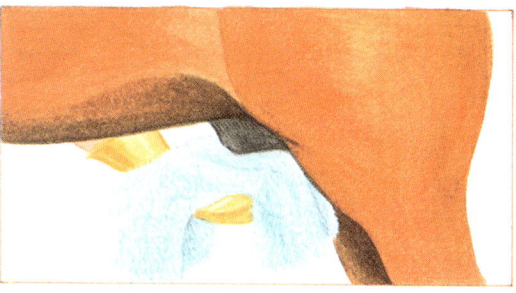

Schieben Sie vorsichtig den seifigen Schwamm in den Schlauch und waschen Sie dort gründlich. Spülen Sie mehrere Male äußerst sorgfältig nach, bevor Sie die Haut an der Außenseite abtrocknen.

Sie brauchen handwarmes Wasser, medizinische Seife, den Schwamm für das Hinterende, flüssiges Paraffin, ein Handtuch und nach Belieben feine Gummihandschuhe.

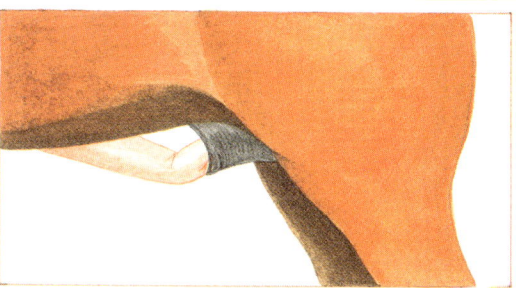

Gießen Sie sich nach dem Ausspülen etwas medizinisches Paraffinöl in die Hand, das Sie im Schlauch gut verteilen, wo es neues Smegma weich hält und die Haut schützt.

DAS SCHLAMMVERKRUSTETE PFERD

Gleichgültig ob Ihr Pferd im Stall, auf der Weide oder im Offenstall lebt: es wird immer wieder einmal schlammverkrustet sein und besonderer Pflege bedürfen. Ist der Schlamm bereits trocken, können Sie ihn einfach mit der Wurzelbürste herausbürsten, oder auch mit Plastik-, Gummi- oder Nadelstriegel oder dem Plastik-Pfannenreiniger (s. Abb. S. 8).

Ein Kaktustuch eignet sich für leichtere Verschmutzungen ebenfalls. In jedem Falle reiben oder bürsten Sie mit dem Fellstrich und hin und her, um den Schlamm abzulösen.

Es ist sinnlos, an feuchtem Schlamm herumzubürsten. Man reibt ihn nur ins Fell hinein, und die Haut wird gereizt. Sattelzeug darf ebenfalls nicht auf feuchtem Schlamm aufliegen, denn es wird so schnell Druckstellen verursachen.

Einige Experten empfehlen, Schlamm erst trocknen zu lassen und dann abzubürsten. Sie können das Trocknen beschleunigen, indem Sie das Pferd mit einer Strohunterlage eindecken und die Beine bandagieren. Das Stroh, das in einer dicken Lage auf den Rücken und an die Seiten des Pferdes gepackt wird, fixieren Sie mit einer alten Pferdedecke. Durch die Wärme trocknet das Pferd schneller.

Andere Experten, darunter viele Tierärzte, empfehlen, zuerst den Schlamm gründlich abzuspülen und dann das Pferd mit einer Strohlage oder einer handelsüblichen, atmungsaktiven Abschwitzdecke zu trocknen.

Sie können das Trocknen durch den Einsatz von Strohwischen und alten Frotteehandtüchern beschleunigen. Ein Fön ist ebenfalls nützlich, um Zeit zu sparen. Beachten Sie dieselben Sicherheitsvorkehrungen wie beim Einsatz elektrischer Schermaschinen!

Bei kaltem oder nassem Wetter ist es besonders wichtig, das Pferd schnell zu trocknen. Lassen Sie es nicht ohne Decke oder Stroheindeckung draußen herumstehen, bandagieren Sie seine Beine und führen Sie es herum oder stellen es in eine Box. Solarien sind sehr nützlich (in diesem Fall wird keine Decke benötigt), um nasse Pferde schnell trocken zu bekommen, und ihr Betrieb ist nicht teuer.

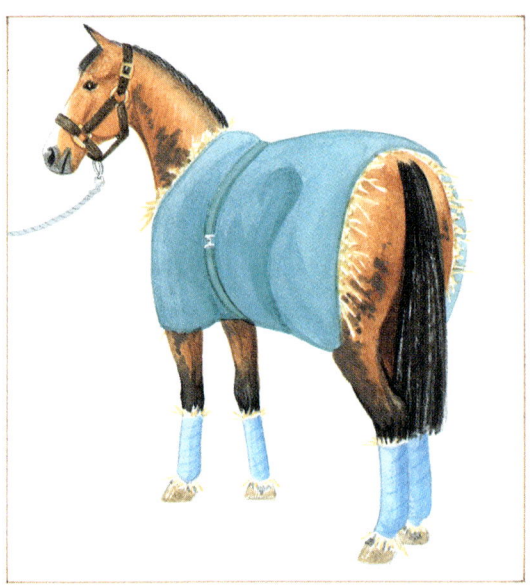

Ein Pferd mit Stroheindeckung und Bandagen. Sie können auch eine Decke mit Kreuzbegurtung verwenden, wenn Sie sie fest genug (nicht stramm!) schnallen.

Eine Maschen-Abschwitzdecke kann über Stroh oder unter einer normalen Decke benutzt werden. Spültücher mit groben Maschen oder Teile alter Fliegendecken lassen sich unter die Bandagen legen und beschleunigen das Trocknen der Beine.

Mit dem Schlauch spülen Sie das Pferd (am besten mit warmem Wasser) von vorn nach hinten – den Kopf auslassen! - ab. Überschußwasser ziehen Sie mit dem Schweißmesser ab.

Bei kaltem Wetter ist es sehr wichtig, das Pferd, vor allem die Lenden, Hinterhand, Ohren und Beine, schnell trocken zu bekommen. Besonders gründlich sind Ballen und Fesselbeugen abzutrocknen.

Trockenen Schlamm bürsten Sie mit der Wurzelbürste, einem Gummi- oder Plastikstriegel oder dem Plastik-Pfannenreiniger ab. Dabei arbeiten Sie mit dem Fellstrich oder hin und her.

Um trockenen Schlamm aus Mähne und Schweif zu entfernen, rollen Sie einzelne Strähnen fest zwischen den Händen hin und her. So vermeiden Sie ein Brechen und Ausreißen der Haare durch die Wurzelbürste.

WASCHEN

Waschen ist eine effektive Methode, ein Pferd zu säubern, und macht weniger Arbeit als Putzen – aber viele Pferdebesitzer tun zu viel des Guten. Zu viel Seife nimmt der Haut das natürliche Fett, löst Juckreiz aus, der das Pferd zum Scheuern veranlaßt, und macht das Fell stumpf. Shamponieren Sie Ihr Pferd nur, wenn es sehr fettig ist, ansonsten ist Abspülen mit warmem Wasser genauso gut und viel sicherer. Denken Sie daran, wie sauber und seidig sich Ihr Pferd nach einem Regenschauer anfühlt!

Benutzen Sie spezielles Tier- oder Baby-shampoo, das sehr mild ist. Sie müssen nicht zweimal waschen – eine Anwendung reicht völlig aus.

Waschen und spülen Sie mit warmem Wasser. Mancher spült kalt nach und vergißt, daß das Pferd eine kalte Dusche ebenso haßt wie er selbst. Es ist nicht rücksichtsvoll, im Winter kaltes Wasser zu benutzen, und ein Pferd kann dabei wirklich frieren.

Wenn es kühl ist, waschen Sie erst die vordere Hälfte, während eine Decke auf der Hinterhand liegt, anschließend die hintere Hälfte, während Vorhand und Hals zugedeckt sind. Arbeiten Sie schnell und decken Sie das Pferd anschließend mit einer Strohlage oder einer Abschwitzdecke ein und bandagieren Sie die Beine. Sie können das Pferd auch ohne Decke in eine beheizte Box mit sauberer Einstreu, Heu und Wasser stellen.

Große Autoschwämme sind ideal zum Waschen, aber Sie müssen einen zum Shamponieren und einen zweiten zum Abspülen benutzen, weil Sie das Shampoo niemals ganz aus dem Schwamm bekommen. Auch sollten Sie nur einen Ihrer bereitgestellten Wassereimer mit Seifenlauge verschmutzen, dann bleibt genügend klares Wasser zum Abspülen, was sehr wichtig ist.

Wenn Sie das Pferd eindecken, müssen Sie die Abschwitz- oder Strohdecke entfernen, solange das Fell noch eben feucht ist, sonst bilden sich Linien im Fell.

Es ist wichtig, das Pferd bei Kälte möglichst schnell trocken zu bekommen, damit es sich nicht erkältet. Benutzen Sie dazu Handtücher, Haartrockner und andere Hilfsmittel.

Sie brauchen viel warmes Wasser, Handtücher, Pferdedecken und Bandagen wenn es kalt ist, Autoschwämme und eventuell ein Shampoo. Haartrockner und Schweißmesser können hilfreich sein.

Machen Sie das Pferd vorsichtig naß (nicht den Kopf) und arbeiten Sie das Shampoo in kreisenden Bewegungen mit einem Schwamm ein. Benutzen Sie zum Einseifen nur einen der Wassereimer.

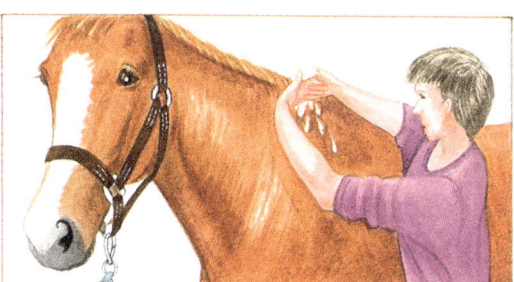

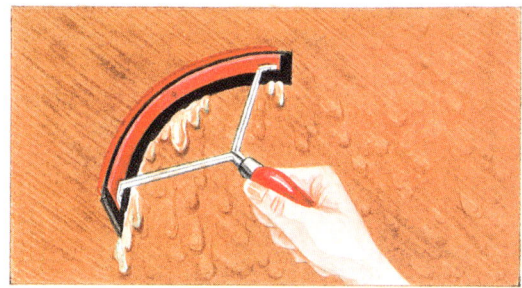

Es ist wichtig, auch die letzten Seifenreste auszuspülen, denn Rückstände können Hautirritationen verursachen. Vergessen Sie die Unterseite des Pferdes und die Ansätze von Mähne und Schweif nicht.

Ziehen Sie mit dem Schweißmesser in langen, ruhigen Strichen in Fellrichtung das Wasser ab. Mit den Handkanten geht es aber auch!

Ein Durchlauferhitzer mit angeschlossenem Schlauch ist eine große Hilfe. Stellen Sie ihn auf 40 °C ein. Sie werden sich fragen, wie Sie je ohne ihn ausgekommen sind! Teuer sind diese Geräte nicht.

Eine Infrarotlampe oder ein Solarium erspart das Eindecken und das Herumführen, ist schnell und effektiv. Lassen Sie in jedem Falle Tür und Fenster zur Belüftung offen.

DAS HEISSE HANDTUCH

Wenn es zum Waschen zu kalt, Ihr Pferd aber sehr schmutzig ist, können Sie ihm ersatzweise eine Behandlung mit dem ‚heißen Handtuch' zukommen lassen. Das ist gründlich und sicher, und es besteht keine Gefahr der Verkühlung.

Sie brauchen: einen Eimer mit sehr heißem, aber nicht kochendem Wasser, Gummihandschuhe, ein dickes weiches Handtuch und bei sehr fettigem Fell Shampoo, bei stumpfem, glanzlosem Fell eine normale Haarpflegespülung.

Geben Sie bei Bedarf einen Schuß Shampoo oder Spülung ins Wasser und mischen Sie es unter. Tauchen Sie das Handtuch ganz ein, anschließend wringen Sie es gut aus. Schütteln Sie es aus (dadurch kühlt es etwas ab) und legen Sie es für vier bis fünf Sekunden auf das Pferdefell. Die Wärme läßt Haar und Schmutz weicher werden. Dann rollen Sie das Handtuch zusammen und reiben kräftig hin und her, um den Schmutz zu entfernen. Zum Schluß streichen Sie das Fell mit dem Strich glatt. Diesen Vorgang führen Sie am ganzen Pferd aus.

Um die Beine zu säubern, legen Sie das Handtuch ganz herum und reiben dann auf und ab. Wenn das Pferd sehr fettig ist, müssen Sie die Behandlung zweimal durchführen.

Entscheidend ist, daß das Wasser wirklich sehr heiß ist, deshalb müssen Sie vielleicht nach der ersten Seite neues holen. Natürlich können Sie das Pferd eingedeckt lassen und nur die gerade bearbeiteten Partien freilegen.

Teilen Sie die Mähne und die Haare an der Schweifrübe und behandeln Sie auch die Haaransätze, die oft fettig sind. Empfindliche Bereiche wie die Innenseiten der Hinterbeine, unter der Schweifrübe oder um Euter beziehungsweise Schlauch herum wischen Sie nur mit dem zusammengerollten Handtuch ab.

Auch Mähne und Schweif lassen sich auf diese Weise säubern (wickeln Sie das heiße Handtuch um einzelne Strähnen, die Sie dann zwischen Ihren Händen und nach unten reiben), aber Sie können das Langhaar auch im Winter auf die übliche Weise waschen. Für den Schweif nehmen Sie dazu einen Eimer, und nach dem Ausspülen schleudern Sie das Wasser heraus.

Einige Spritzer Shampoo oder Spülung reichen aus, wenn sie überhaupt gebraucht werden. Ganz sicher verbrennen Sie Ihr Pferd nicht, wenn Sie das Handtuch einige Sekunden flach auflegen.

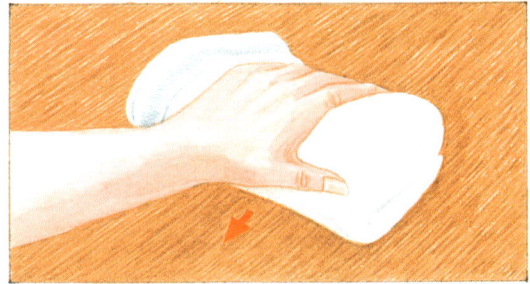

Die Wärme löst den Schmutz und weicht ihn auf. Um ihn zu entfernen, reiben Sie kräftig hin und her und glätten das Haar zum Schluß mit dem Fellstrich.

DER PUTZPLATZ

Wenn Sie Platz genug haben, dann ist eine Putzbox oder ein Putzplatz wahrscheinlich die nützlichste Einrichtung, die ein Hof überhaupt haben kann.

Sie können dazu eine leere Box herrichten, aber ein etwas größerer Raum ist noch besser, weil sich dort einige Gegenstände unterbringen lassen und man besser um das Pferd herumarbeiten kann. Vielleicht haben Sie bereits einen überdachten Raum (oder können ihn schaffen, etwa in Form eines Abdaches am Ende einer Boxenreihe), den Sie umwidmen können: eine große Garage ohne Türen, einen geräumigen Carport oder eine leere Scheune. Brauchbar ist jeder Raum, in dem das Pferd trocken steht, der elektrische Anschlüsse hat, Licht, vielleicht eine Infrarotlampe, und einen rutschsicheren Boden.

In der Putzbox kann das Pferd geputzt werden, wenn es draußen zu kalt ist, so daß Sie nicht auf der Stallgasse herumstauben müssen; hier können Pferde geschoren, frisiert, tierärztlich behandelt und beschlagen werden, und was Ihnen sonst noch so einfällt.

Sie brauchen einige Regale oder Schränke in diesem Raum, damit alles Nötige zur Hand ist. Er muß zudem so groß sein, daß das Pferd hin- und hertreten kann, ohne sich zu verletzen oder die Einrichtung zu beschädigen, weil es dagegenstößt oder darauftritt.

Der Boden kann aus Profilgummi bestehen, was eine sehr gute Sicherheitsvorkehrung darstellt, wenn Elektrogeräte benutzt werden.

Eine separater Waschplatz, der nicht notwendigerweise unter Dach sein muß, hat ebenfalls große Vorteile. Ein Schlauch, der an einen Durchlauferhitzer angeschlossen wird, ist ideal, um Pferde abzuwaschen. Stellen Sie sicher, daß das Wasser ablaufen kann.

REGALE. Offene Regale sind sehr praktisch als Ablage, müssen aber außerhalb der Reichweite des Pferdes und fest angebracht sein.

STECKDOSEN. Professionell installierte und geerdete, feuchtraumgeeignete Schutzsteckdosen.

ANBINDERINGE. Fest angebrachte Ringe dienen dem Anbinden von Pony und Heunetz.

HALFTER

HAKEN

FUSSBODEN. Profilgummimatten oder andere synthetische, rutschsichere Materialien eignen sich, die fest liegen müssen.

ABENDVERSORGUNG BEIM STALLPFERD

Zur Nachtvorbereitung gehört nicht nur das Richten der Einstreu, sondern auch ein schnelles Überbürsten, das erfrischt und die Hauttätigkeit anregt, besonders wenn das Pferd eingedeckt ist, und eine Kontrolle der Hufe, vielleicht auch ein kurzes Abwischen sensibler Bereiche mit dem Schwamm.

Nehmen Sie die Decke ab oder schlagen Sie sie zurück, wenn es kalt ist, und bürsten Sie zügig mit der Wurzelbürste Mistflecken und trockenen Schlamm (wenn Ihr Pferd draußen war) aus dem Fell sowie angetrockneten Schweiß (der aber eigentlich beim gründlichen Putzen nach dem Reiten hätte entfernt werden sollen). Dann ordnen Sie mit der Kardätsche Schopf, Mähne und Schweif, entwirren mit den Fingern alle Knoten und sammeln Einstreu aus dem Langhaar.

Kontrollieren Sie Hufe und Eisen und entfernen den ausgeräumten Schmutz mit einem Misteimer. Ein schnelles Abschwammen, besonders bei Hitze, erfrischt Ihr Pferd.

Wenn es beim gründlichen Putzen eine Schweifbandage angelegt bekam, entfernen Sie sie jetzt, denn sie sollte nicht die ganze Nacht getragen werden, unter anderem deshalb, weil das Pferd darauf treten und sich verletzen könnte, wenn sie sich in der Nacht löst.

Wenn Sie tagsüber keine Zeit zum gründlichen Putzen hatten, können Sie das jetzt erledigen. Auch wenn das Pferd sich später hinlegt, ist es keine vergebliche Mühe, denn Ihr Ziel ist es, das Pferd zu säubern und die Bildung dickerer Schmutzschichten zu verhindern.

Nehmen Sie die Decke ab und ersetzen Sie sie durch die Nachtdecke, damit sie auslüften kann, oder legen Sie sie sorgfältig wieder auf und überprüfen Sie, ob sie bequem sitzt, weder zu fest noch zu locker.

Sammeln Sie die Pferdeäpfel aus der Einstreu – am nächsten Morgen werden ohnehin wieder genug neue dort liegen. Kontrollieren Sie Wasser und Heu. All dies kostet Sie weniger als eine halbe Stunde.